SCHOLASTIC
News
Libros de referencia

La Tierra

por
Christine Taylor-Butler

SCHOLASTIC INC.

New York Toronto London Auckland Sydney
Mexico City New Delhi Hong Kong Buenos Aires

Scholastic Inc., 557 Broadway, New York, NY 10012.

Vocabulario para los grados 1–2.

Consultores: Daniel D. Kelson, Ph.D.
Carnegie Observatories, Pasadena, CA
y
Andrew Fraknoi
Astronomy Department, Foothill College

Especialista de currículum: Linda Bullock

Créditos fotográficos:

Photographs © 2005: Corbis Images: 4 top, 4 bottom left, 11 (Matthias Kulka), 17 (Jim Sugar); Hawaii Volcanoes National Park via SODA: 4 bottom right, 15; NASA: back cover; Peter Arnold Inc./Astrofoto: 5 bottom right, 9 top; Photo Researchers, NY: cover (European Space Agency/SPL), 1, 5 top left, 5 bottom left, 9 bottom (Mehau Kulyk); PhotoDisc/Getty Images via SODA: 2, 5 top right, 7, 23; U.S. Department of Agriculture via SODA: 19.

Diseño del libro: Simonsays Design!

Originally published in English as *Earth*

12 11 10 9 8   19 20 21 22/0

Printed in China   62
First Spanish printing, September 2006

Nota del editor:
En México y en EE.UU., se suelen poner comas para dividir las cifras de mil, pero ya que tanto en España como en la mayoría de los países latinoamericanos se usa el punto para este objeto, se ha optado por complacer a la mayoría.

CONTENIDO

BUSCA PALABRAS

Busca estas palabras en el libro. Estarán en **negrita**.

continente

isla

lava

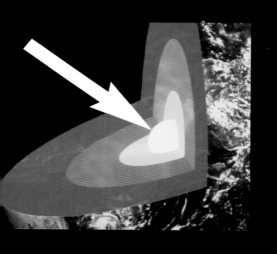

núcleo

Tierra

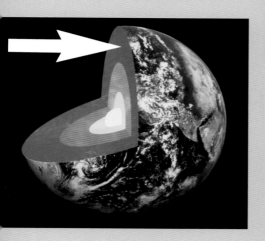

manto

sistema solar

¡La Tierra!

La corteza de un pan se puede comer.

Pero ¿crees que podrías comer la corteza de la **Tierra**?

No. La corteza de la Tierra está compuesta de lodo y roca.

La mayor parte de la corteza de la Tierra está cubierta de agua.

La Tierra es el único planeta en el **sistema solar** donde habitan los humanos.

Todos los seres vivos de la Tierra viven en la corteza.

La corteza es una de las capas de la Tierra. Es la capa exterior.

El **manto** está debajo de la corteza.

El **núcleo** es el centro de la Tierra.

sistema solar

Tierra

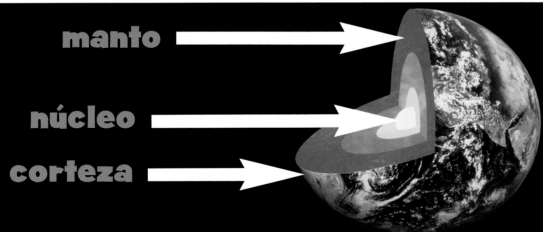

manto

núcleo

corteza

Piensa que la corteza de la Tierra es como la cáscara de un huevo.

9

Grandes partes de la corteza de la Tierra se elevan por encima del agua.

A estas partes se les llama **continentes**.

Hay otras partes más pequeñas que también se elevan por encima del agua.

A estas partes se les llama **islas**.

Las personas viven en los continentes y en las islas.

isla

continente

La Tierra tiene siete continentes y muchísimas islas.

La corteza terrestre está dividida en muchas partes, llamadas placas.

Las placas no sólo están debajo de los continentes, también están debajo de los océanos.

Estas placas están hechas de roca.

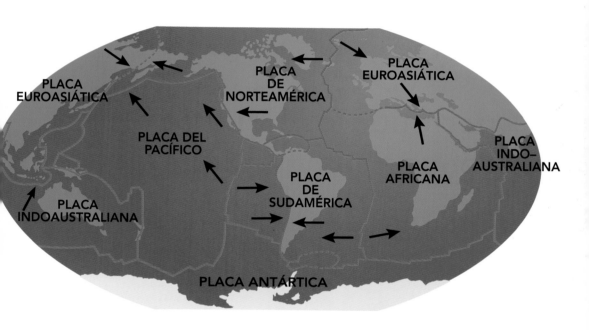

PLACA EUROASIÁTICA

PLACA DE NORTEAMÉRICA

PLACA EUROASIÁTICA

PLACA DEL PACÍFICO

PLACA INDO–AUSTRALIANA

PLACA INDOAUSTRALIANA

PLACA DE SUDAMÉRICA

PLACA AFRICANA

PLACA ANTÁRTICA

Las líneas rojas marcan la extensión de las placas de la Tierra.

El manto de la Tierra está debajo de la corteza.

Está compuesto de roca derretida a la que se conoce como magma.

Las placas de la Tierra flotan en el magma.

Al magma que sale de la Tierra se le llama **lava**.

lava

A veces, las placas de la Tierra se mueven.

Esto crea terremotos.

A veces, la corteza empuja hacia arriba.

Esto crea montañas.

Otras veces, el magma sube.

Esto crea un volcán.

La lava sale de este volcán.

Nosotros comemos animales y plantas que viven y crecen en la corteza terrestre.

Pero no comemos la corteza terrestre.

¡Sabría a lodo y roca!

**El maíz es uno de los alimentos
que crecen en la corteza terrestre.**

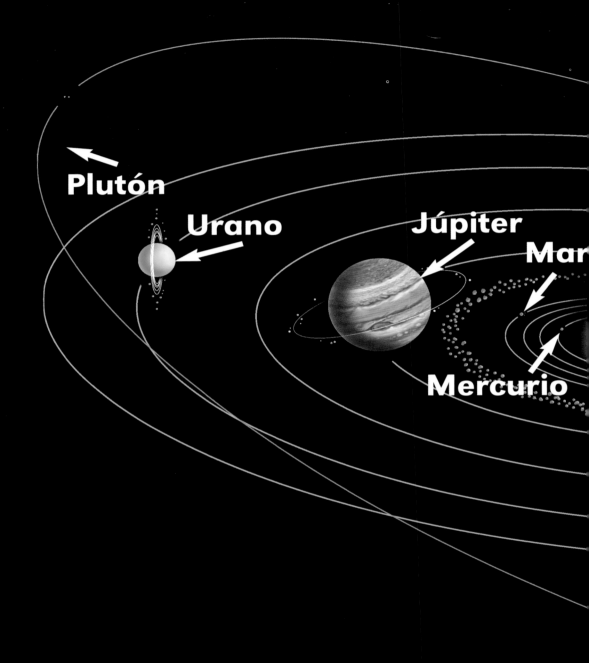

Plutón

Urano

Júpiter

Mar

Mercurio

LA TIERRA
EN EL SISTEMA SOLAR

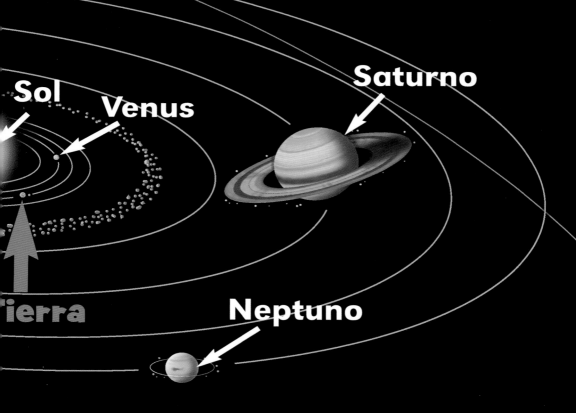

Sol

Venus

Saturno

Tierra

Neptuno

PALABRAS NUEVAS

continente: una gran extensión de tierra. Hay siete continentes en la Tierra

núcleo: el centro de la Tierra

Tierra: el planeta en el que vivimos

isla: una pequeña extensión de tierra que se eleva por encima del agua

lava: magma caliente que sale de un volcán

manto: la capa entre la corteza terrestre y el núcleo

sistema solar: el grupo de planetas, lunas y otras cosas que giran alrededor del Sol

¡La Tierra es un planeta maravilloso!

Un año es el tiempo que tarda un planeta en girar alrededor del Sol. Un año en la Tierra = 365 días.

Un día es el tiempo que tarda un planeta en rotar sobre sí mismo. Un día en la Tierra = 24 horas.

La Tierra tiene 1 luna.

La Tierra tiene más de 4 billones de años.

La Tierra es el único planeta en el sistema solar que tiene agua en estado líquido.

ÍNDICE

APRENDE MÁS

Página de Internet:
Planetas y el sistema solar:
http://spaceplace.jpl.nasa.gov/sp/kids/cs_planets.shtml

SOBRE LA AUTORA:

Christine Taylor-Butler ha escrito más de 20 libros para niños. Se graduó de ingeniería en el Instituto Tecnológico de Massachusetts. Vive en Kansas City con su familia, donde tiene un telescopio para investigar el espacio.